VIE

DE

MONTESQUIEU.

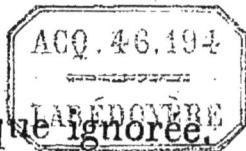

LA vie de Montesquieu est presque ignorée. Tout parle de son génie, et tout se tait sur sa personne : il s'en est même peu fallu que les traits de son visage ne parvinssent pas à notre connoissance. Quelques détails généalogiques et quelques anecdotes peu frappantes, voilà ce qui compose pour nous toute l'histoire de ce grand homme, dont un demi-siècle seulement nous sépare, et dont les écrits doivent éclairer tous les âges. Mais le peu que nous savons de lui explique pourquoi nous n'en savons pas davantage. Après avoir voyagé comme Pythagore, il pensa, comme lui, qu'il falloit *adorer l'écho*, c'est-à-dire, chercher la solitude. Plusieurs années de sa jeunesse furent employées à visiter les contrées étrangères ; le reste de sa vie fut consacré à la composition de ses immortels ouvrages ; et c'est loin de Paris, dans sa retraite de la Brède, qu'il évoquoit le génie qui lui révéla les causes de l'agrandissement et de la décadence de l'empire romain, et lui découvrit ensuite les fondements des institutions politiques et civiles de tous les pays et de tous les siècles. Venoit-il dans la capitale pour se délasser de ses travaux, il se répandoit peu dans le monde, ne fréquentoit qu'un petit nombre de sociétés, et d'ailleurs communiquoit plutôt avec les grands qu'avec les gens de lettres, qui seuls prennent soin de consigner leurs souvenirs dans des ouvrages, et de les transmettre ainsi à la postérité. Cependant cette curiosité du public, qui s'attache avidement à tout ce qui concerne la vie et la personne des hommes célèbres, demeurera-t-elle toujours entièrement frustrée à l'égard d'un des hommes les plus dignes de l'exciter ? J'ai espéré qu'il ne me seroit pas impossible de la satisfaire, du moins en partie. Deux philosophes dignes d'apprécier l'auteur de *l'Esprit des Lois*, Maupertuis et d'Alembert, ont composé son éloge ; mais ils ont moins parlé de l'homme que de l'écrivain, et d'ailleurs la dignité obligée du panégyrique ne leur eût guère permis l'emploi de ces traits simples et familiers qui expriment la véritable physionomie d'un personnage, lors même que leur mémoire les eût offerts à leur pinceau. Tous les autres ouvrages où il est fait mention de Montesquieu me fournissoient encore moins de secours. Au silence des écrits et de la tradition, j'ai cru pouvoir suppléer par le témoignage de Montesquieu lui-même; et ce témoignage, je l'ai trouvé exprimé principalement dans le recueil de *Lettres familières*, publié douze ans après sa mort par l'abbé de Guasco : sorte de monument que l'éditeur, à qui ces lettres étoient adressées pour la plupart, éleva sans doute à sa propre gloire, plus qu'à celle de son illustre ami, et où, dans le temps, on crut voir plus de vanité que de discrétion. Montesquieu, dans ce commerce, où son abandon naturel étoit peut-être augmenté par l'idée de sa supériorité, révéloit ses plus intimes pensées, laissoit échapper les traits d'humeur ou de caractère les plus naïfs, en un mot se peignoit lui-même avec toute la liberté, toute la franchise d'un homme qui ne croit se montrer qu'aux regards de l'amitié. Ces traits épars, j'ai essayé de les rapprocher, de les fondre et d'en former un portrait qui, s'il ne devoit pas offrir l'image entière du modèle, pût en reproduire au moins quelques parties avec fidélité.

CHARLES DE SECONDAT, BARON DE LA BRÈDE ET DE MONTESQUIEU, naquit au château de la Brède, près de Bordeaux, le 18 janvier 1689.

Je ne parlerai ni de sa famille, dont tous les titres s'évanouissent devant sa gloire, ni de son enfance, qui n'offrit rien d'extraordinaire.

Quoique fils d'un homme qui s'étoit distingué au service, il fut destiné de bonne heure à la magistrature. Il avoit un oncle paternel, président à mortier au parlement de Bordeaux, oracle et modèle de sa compagnie, également honoré pour ses vertus et pour ses talents. Cet oncle, qui désiroit conserver dans sa famille le nouveau genre d'illustration qu'il y avoit introduit, eut le malheur de perdre son fils unique ; alors il transporta sur son neveu tous ses projets, toutes ses espérances, et il résolut de lui laisser ses biens avec sa charge. Montesquieu, malgré la vivacité de son âge et de son caractère, s'enfonça dans l'étude aride et fastidieuse de la jurisprudence : il amassoit, probablement sans y songer, des matériaux pour son grand monument de *l'Esprit des Lois*, en faisant un extrait raisonné des énormes et nombreux volumes qui composent le corps du droit civil.

On fait remonter à ce temps l'origine des *Lettres persanes* ; on prétend savoir de Mon-

tesquieu lui-même qu'obligé par son père et
par son oncle de pâlir toute la journée sur le
code, il s'en délassoit le soir en faisant parler
Usbek ou Rica. Comme il est impossible de
croire qu'un livre où tant de profondeur se
cache sous une apparence de légèreté, et où
l'auteur jette par fois un coup-d'œil si pénétrant sur les vices de la société et ceux des
gouvernements, ait été écrit, pour ainsi dire,
à la dérobée par un jeune homme de vingt
ans, appliqué, dans le fond d'une province,
à lire et à extraire des livres de jurisprudence, la seule explication qui puisse concilier la tradition et la vraisemblance, c'est
que, dès cette époque, il conçut le projet
de l'ouvrage, et en exécuta quelques parties qu'il a fortifiées depuis, ou même rem-
placées en entier, lorsqu'un peu plus d'âge et
d'expérience eut développé et mûri ses idées.
Mais rien n'empêche d'admettre, d'après le
témoignage de Maupertuis et de d'Alembert,
qu'à cette même époque, il ait fait un ouvrage en forme de lettres, dans lequel il entre-
prenoit de prouver que l'idolâtrie, chez la plupart des hommes à qui les lumières de la révé-
lation ont été refusées, ne méritoit pas une
damnation éternelle. Cette thèse est bien plus
à la portée d'un très-jeune homme qu'une

peinture fidèle et critique des mœurs. A tout âge, on peut trouver dans son âme, dans sa raison et dans les livres, de quoi soutenir l'une avec succès ; pour réussir dans l'autre, il faut nécessairement avoir vécu et observé. Quoi qu'il en soit, Montesquieu ne fit point paroître cet ouvrage théologico-philosophique : à vingt ans, c'étoit peut-être un plus grand mérite que de l'avoir composé.

Nommé conseiller au parlement de Bordeaux, le 24 février 1714, il y fut reçu président à mortier le 13 juillet 1716. Quelques années après, en 1722, il fut chargé par sa compagnie de porter des remontrances au pied du trône à l'occasion d'un nouvel impôt. Il plaida la cause du peuple avec zèle, avec talent, avec succès. Le ministère se sentit subjugué par l'éloquence du jeune magistrat, et le fisc fut obligé de lâcher sa proie ; mais il ne tarda pas à la ressaisir : l'impôt supprimé reparut bientôt sous une autre forme. En 1725, Montesquieu fit l'ouverture du parlement. Son discours, écrit avec cette force, cette gravité, cette précision sévère qui conviennent à l'organe des lois, fit entrevoir dans le juge qui ne faisoit encore que les appliquer le grand publiciste qui devoit les définir et les expliquer un jour.

L'académie de Bordeaux, nouvellement fondée, l'avoit admis, en 1716, au nombre de ses membres. L'amour de la littérature et de la musique avoit donné naissance à cette société, et la culture de ces arts agréables étoit l'unique but de son institution. Montesquieu ne fut pas long-temps à s'apercevoir que, loin de la capitale, une réunion de cette espèce étoit plus favorable au développement de la vanité qu'à celui du talent, plus propre à gâter l'esprit qu'à le perfectionner, à engendrer des ridicules qu'à faire naître de bons ouvrages. Il lui sembla que les moyens et les efforts de ses nouveaux confrères seroient plus avantageusement dirigés vers l'érudition et les sciences exactes. Secondé dans ce louable dessein par le duc de La Force, protecteur de l'académie, il parvint à convertir une coterie de bel-esprit en une société savante, et lui-même donna l'exemple des travaux utiles, en composant pour l'académie plusieurs mémoires sur des points intéressants de physique, tels que la cause de l'écho, celle de la pesanteur des corps, celle de leur transparence, etc. Il se livra même à quelques recherches anatomiques, et l'usage des glandes rénales fut le sujet d'une de ses dissertations. Dans notre siècle, où les sciences naturelles et mathématiques, résultat

nécessaire et toujours croissant de l'observation et de l'expérience, ont fait des progrès
qu'il ne nous est pas plus possible de contester qu'il n'est permis aux savants de s'en
trop énorgueillir, des hommes du premier
ordre ont attesté la sagacité et la justesse des
aperçus de Montesquieu. On peut croire que
ce génie actif et pénétrant n'eût pas sondé avec
moins de bonheur les mystères de la nature
que les obscures profondeurs de la législation
politique et civile. Ces excursions dans un
domaine étranger ne l'empêchoient point de
poursuivre avec ardeur l'objet accoutumé de
ses travaux. Une dissertation *sur la politique
des Romains dans la religion*, lue également
à l'académie de Bordeaux, semble être un
prélude au magnifique traité de la grandeur
et de la décadence du peuple-roi.

En 1721, Montesquieu fit paroître les *Lettres
persanes*. Il avoit chargé son secrétaire d'en
porter le manuscrit en Hollande, et de l'y faire
imprimer. L'ouvrage eut un débit prodigieux ;
il se vendit *comme du pain*, suivant la pré-
diction faite à l'auteur par un de ses amis, le
P. Desmolets, bibliothécaire de la maison de
l'Oratoire à Paris ; et, comme nous l'apprend
Montesquieu lui-même, « les libraires alloient
» tirer par la manche tous ceux qu'ils rencon-

» troient, en leur disant : Monsieur, *faites-moi*
» *des Lettres persanes* [1] ».

Montesquieu n'avoit pas attaché son nom à
son ouvrage ; il avoit craint qu'on ne dît :
« Son livre jure avec son caractère.... Il n'est
» pas digne d'un homme grave [2] ». Mais si le
magistrat avoit cru devoir rester anonyme,
l'écrivain n'avoit pas voulu pour cela demeurer
inconnu. Les choses s'arrangèrent de façon que
l'un put observer les bienséances de son état
sans que l'autre fût obligé de sacrifier les intérêts de son amour-propre. Grâce à la discrétion du public, Montesquieu, passant générale-
ment pour être l'auteur des *Lettres persanes,*
ne fut pas réduit à l'alternative d'en convenir
ou de s'en défendre. En 1728, il se présenta pour
obtenir une place vacante à l'Académie françoise par la mort de M. de Sacy, n'ayant encore
d'autre titre à faire valoir que ce même livre
qui ne portoit pas son nom ; et l'Académie, qui
étoit dans le secret comme tout le public, jugea
qu'un pareil titre, pour n'être pas authenti-
que, n'en étoit pas moins valable. Mais mal-
heureusement le Roi avoit déclaré qu'il ne
donneroit jamais son agrément à la nomina-

---

[1] Préface des *Lettres persanes.*
[2] *Ibidem.*

tion de l'auteur des *Lettres persanes*, et le cardinal de Fleury avoit transmis à l'Académie cette résolution dont il n'étoit pas seulement l'organe. Voltaire prétend que Montesquieu *prit un tour fort adroit* pour mettre le ministre dans ses intérêts. « Il fit faire en peu
» de jours, dit-il, une nouvelle édition de son
» livre, dans laquelle on retrancha ou l'on
» adoucit tout ce qui pouvoit être condamné
» par un cardinal et par un ministre ; il porta
» lui-même l'ouvrage au cardinal, qui ne lisoit
» guère, et qui en lut une partie. Cet air de
» confiance, soutenu par l'empressement de
» quelques personnes de crédit, ramena le
» cardinal, et Montesquieu entra à l'Acadé-
» mie [1] ». Cette historiette invraisemblable n'a d'autre autorité que Voltaire, et personne n'a osé la répéter d'après lui. Montesquieu, loin d'employer en cette occasion une supercherie peu digne de lui, n'eut recours qu'à la franchise, et s'en trouva bien. Parlant comme il avoit agi, il dit au cardinal qu'il n'avouoit pas l'ouvrage, mais qu'il ne le désavouoit pas non plus, et qu'il ne le désavoueroit jamais. Le maréchal d'Estrées, directeur de l'Académie françoise, plaida vivement la cause

---

[1] Siècle de Louis XIV.

de l'auteur et du livre. Le cardinal, qui avoit condamné les *Lettres persanes* uniquement sur le rapport de quelques personnes animées d'un zèle outré, si ce n'étoit d'un faux zèle, pour la religion et pour l'autorité, prit alors le parti de les lire lui-même, et les trouva plus agréables que dangereuses. L'admission de Montesquieu dans l'Académie n'éprouvant plus d'obstacle, il y fut reçu le 24 janvier 1728. Son discours de réception fut un simple remercîment, dans lequel, suivant un protocole dont personne n'avoit encore osé s'écarter, il fit succéder à l'éloge de son prédécesseur ceux du cardinal de Richelieu, du chancelier Séguier, de Louis XIV et du Roi régnant. Le cardinal de Fleury n'y fut point oublié. Dans ce discours d'une étendue, mais non pas d'un mérite médiocre, se trouve une phrase sur Richelieu, phrase devenue fameuse, où se montre en entier le grand écrivain à qui peu de traits ont suffi pour peindre en entier le grand politique.

Deux ans avant sa réception, Montesquieu avoit renoncé à la magistrature pour se livrer sans partage à la philosophie et aux lettres [1].

---

[1] Le marquis d'Argenson, dans ses *Loisirs d'un Ministre d'état*, dit que Montesquieu quitta sa charge pour que sa

Quelque importante que fût sa charge, il s'y
sentoit, pour ainsi dire, à l'étroit : celui qui est
devenu l'oracle, non-seulement de tous les tri-
bunaux, mais encore de tous les gouvernements
du monde civilisé, ne trouvoit à déployer dans
un parlement de province que les moyens
d'un homme ordinaire ; et, comme il arrive
quelquefois qu'on devient inférieur à son emploi pour y être trop supérieur, il avoit le
dépit de ne pouvoir atteindre, dans certaines
parties de la judicature, à des succès que la
médiocrité même auroit pu regarder comme
au-dessous d'elle. « Quant à mon métier de pré-
» sident, a-t-il dit depuis, comme j'ai le cœur
» très-droit, je comprenois assez les questions
» en elles-mêmes; mais je n'entendois rien à
» la procédure. Je m'y serois pourtant appli-
» qué; mais ce qui m'en dégoûtoit le plus,
» c'est que je voyois à des bêtes le même ta-
» lent qui me fuyoit pour ainsi dire ».

Libre de tout lien, maître enfin de lui-

---

non-résidence à Paris ne fût point un obstacle à ce qu'il fût
reçu à l'Académie, et qu'il prit pour prétexte qu'il alloit
travailler à un grand ouvrage sur les lois. Il ajoute : « Le
» président Hénault, en quittant la sienne, en avoit donné
» la même raison. On plaisanta alors sur ces messieurs,
» en disant qu'*ils quittoient leur métier pour aller l'ap-*
» *prendre* ».

même, et ayant obtenu, par sa nomination à l'Académie françoise, le prix du sacrifice qu'il avoit fait à la littérature, il résolut de voyager. *Beaucoup de gens*, selon lui, *savent payer des chevaux de poste; mais il y a peu de voyageurs* (1). Il y en eut peu comme lui, sans doute. Il avoit examiné, rapproché, approfondi, dans le silence de son cabinet, les lois de tous les temps et de tous les pays. Il lui restoit à connoître, à étudier les hommes qui sont régis par ces lois, à considérer sur les lieux mêmes le jeu des constitutions diverses, et à comparer le physique et le moral des différentes contrées pour en constater l'influence réciproque. Il entroit aussi dans son plan de visiter les savants, les littérateurs, les artistes, et surtout quelques personnages fameux dans la guerre ou dans la politique, qui, à cette époque, placés en divers lieux de l'Europe, et vivant désormais dans le repos, mais non pas dans l'oubli, étoient comme autant de monuments des succès du génie, des faveurs de la gloire, ou des vicissitudes de la fortune.

---

1 La plupart des passages imprimés en caractères italiques sont extraits textuellement des *Lettres familières* et des *Œuvres posthumes* de Montesquieu. Il en est de même de presque tous ceux qui sont renfermés dans des guillemets.

Un sentiment de bienveillance universelle, précieux attribut de la jeunesse, cet âge du bonheur, de la confiance et de la bonté, accompagna Montesquieu dans ses voyages. Il s'en rend à lui-même le témoignage en ces termes : « Quand j'ai voyagé dans les pays » étrangers, je m'y suis attaché comme au » mien propre; j'ai pris part à leur fortune, » et j'aurois souhaité qu'ils fussent dans un » état plus florissant ». Cette disposition d'âme, qui ne pouvoit manquer de se manifester dans ses discours et dans ses manières, contribua beaucoup sans doute à lui concilier l'affection de tous les nouveaux hôtes qu'il visitoit.

Il se rendit d'abord à Vienne, où il fut présenté au prince Eugène. Dans un petit écrit *sur la Considération*, que nous ne possédons pas, il avoit dit, en parlant de ce prince : « On n'est pas plus jaloux de ses grandes ri- » chesses que de celles qui brillent dans les » temples des dieux ». Ces paroles, magnifiquement louangeuses, avoient touché le héros qui en étoit l'objet. Il fit un accueil distingué à l'auteur, l'admit dans sa société la plus intime, et *lui fit passer des momens délicieux*. Montesquieu disoit depuis qu'*il n'avoit jamais ouï dire à ce prince que ce qu'il falloit dire sur le sujet dont on parloit, même lorsque, quit-*

tant de temps en temps sa partie de jeu, il venoit se mêler de la conversation.

Il quitta Vienne pour se rendre en Hongrie, contrée neuve encore aujourd'hui pour les voyageurs, et digne pourtant des regards de l'observateur philosophe. Il n'eut pas le tort qu'il a reproché depuis à la maison d'Autriche, *de ne pas voir chez ce peuple les hommes qui y étoient* [1]. Il les vit, les fréquenta, et apprit à estimer cette noblesse hongroise qui, à l'aspect de la monarchie tombant pièce à pièce, oublia qu'elle avoit toujours été opprimée par ses souverains, et *crut qu'il étoit de sa gloire de périr et de pardonner* [2]. Montesquieu parcourut la contrée avec attention, et la décrivit avec soin dans le journal de ses voyages.

C'est ici le lieu, ou du moins l'occasion de dire quel sort a eu cette relation. En 1754, Montesquieu n'attendoit qu'un peu de loisir pour la rédiger; il hésitoit s'il lui donneroit la forme de correspondance ou de mémoires. Sa mort, arrivée l'année suivante, a prévenu l'exécution de ce dessein; les matériaux de l'ouvrage sont restés parmi ses papiers, et l'on ignore ce qu'ils sont devenus depuis.

---

[1] *Esprit des Lois*, Liv. VIII, Chap. ix.

[2] *Ibid.*

D'Allemagne, Montesquieu passa en Italie,
et il s'arrêta d'abord à Venise, où se trouvoient
alors deux hommes retirés malgré eux de la
scène du monde, Law et le comte de Bonneval.
Il avoit sans doute peu d'instruction solide à
espérer de ses entretiens avec celui-ci; mais
il pouvoit se promettre au moins beaucoup
d'amusement de la richesse et de la variété de
ses souvenirs militaires, de la singularité de
ses aventures, qui sembloient devoir être ter-
minées à cette époque, et de la singularité non
moins grande de son caractère, qui le réservoit
à des aventures nouvelles plus extraordinaires
encore que les premières. Quant à Law, qui
heureusement avoit achevé son rôle, et qui,
en jouant aux dés l'argent qu'on lui prêtoit
sur un diamant, dernier débris de sa fortune
passée, se consoloit de ne pouvoir plus jouer
les finances d'un grand royaume; Law, malgré
l'extravagance et la déplorable issue de ses
projets, étoit d'un commerce plus utile pour
un homme jaloux de connoître les causes de la
prospérité ou de la ruine des états. Si, comme
tout porte à le croire, il se prêta de bonne
grâce à satisfaire la curiosité de Montesquieu,
il en faut conclure qu'il n'avoit pas lu l'élo-
quente invective de l'auteur des *Lettres persanes* contre l'auteur du *Système*, ou que les

plus amères censures ne lui laissoient qu'un bien foible ressentiment. Quoi qu'il en soit, ce même Système fut plus d'une fois la matière de leur conversation. Montesquieu disoit un jour à Law : « *Pourquoi n'avez-vous* » *pas essayé de corrompre le parlement de* » *Paris comme le ministère anglois fait à* » *l'égard du parlement de Londres ?— Quelle* » *différence !* répondit Law ; *l'Anglois ne* » *fait consister sa liberté qu'à faire tout ce* » *qu'il veut, et le François ne met la sienne* » *qu'à faire tout ce qu'il doit* ».

Montesquieu avoit eu le bonheur de rencontrer un compagnon de voyage digne de lui : c'étoit le lord Chesterfield. Ils étoient arrivés ensemble à Venise, également curieux d'observer cette ville singulière qu'on croiroit avoir été élevée au--dessus des flots de l'Adriatique par l'industrie d'un peuple de castors, et surtout ce gouvernement soupçonneux, sombre et tyrannique, que Duclos appeloit énergiquement un *despote immortel.* Montesquieu, dont les observations avoient un but plus déterminé, et qui n'osoit s'en remettre à sa mémoire du soin de retenir ce qui avoit attiré son attention, déposoit chaque soir sur le papier ce qu'il avoit recueilli dans la journée. Un jour, un inconnu se présente chez lui, demande à

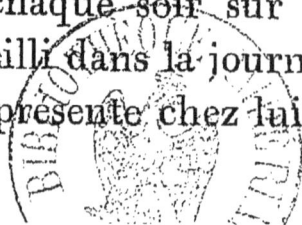

lui parler en secret, et, après avoir protesté
de son attachement pour les François, l'avertit
de prendre garde à lui; que l'Inquisition d'état,
inquiète des mouvements qu'il se donnoit et
des informations qu'il prenoit sur tout, avoit
résolu de s'emparer de ses papiers, et que, s'il
s'y trouvoit la moindre chose contre le gouvernement, c'en seroit fait de sa personne. Montesquieu alarmé, et ne réfléchissant pas assez
à tout ce que cette aventure offroit d'invraisemblable, jeta son manuscrit au feu ou à la mer,
et alla raconter au lord Chesterfield ce qui
venoit de lui arriver. Chesterfield se mit à
rire, et avoua que la visite de l'inconnu étoit
une plaisanterie de son invention. Les deux
amis, également jaloux chacun de l'honneur
de leur pays, avoient agité quelquefois, dit-on,
la vaine et imprudente question de la préémi-
nence de l'une des deux nations sur l'autre.
Montesquieu avoit revendiqué pour les François la supériorité de l'esprit, et Chesterfield
réclamé celle du bon sens en faveur des Anglois. Ce dernier, en jouant à son ami le tour
qu'on vient de lire, avoit voulu lui prouver
que tout l'esprit d'un des François qui en
avoient le plus ne pouvoit l'empêcher de faire
telle sottise dont un Anglois ordinaire auroit
été préservé par son simple bon sens. « En

» effet, lui disoit-il, avec un peu plus de ré-
» flexion, et, pour tout dire, de bon sens, il
» auroit trouvé au moins extraordinaire qu'un
» homme qu'il ne connoissoit pas et dont il
» n'étoit pas connu, prît intérêt à lui jusqu'à
» risquer sa propre vie pour garantir la sienne,
» en faisant une démarche qui pouvoit être
» sue d'un gouvernement à qui rien n'échap-
» poit, et qui ne pardonnoit rien. D'ailleurs,
» ajoutoit-il, il n'auroit pas dû croire qu'un
» homme de bas étage, tel que paroissoit être
» l'inconnu qui s'étoit présenté à lui, eût pu pé-
» nétrer le secret des délibérations de l'Inquisi-
» tion, lorsqu'il avoit reconnu et noté lui-même
» qu'elles étoient enveloppées d'un voile impé-
» nétrable. Ces raisons combinées auroient dû
» le porter à suspendre au moins le sacrifice de
» son manuscrit, et un Anglois, quel qu'il fût, n'y
» auroit certainement pas mis autant de préci-
» pitation ». A la manière dont Montesquieu
a parlé de l'aristocratie vénitienne dans son
Esprit des Lois, on pourroit croire qu'il a voulu
se venger sur elle de l'effroi qu'on lui avoit causé
en son nom, si la terrible Inquisition d'état et
sa *bouche de pierre ouverte à toutes les déla-*
tions [1], n'étoient bien faites par elles-mêmes

---

[1] *Esprit des Lois,* Liv. V, Chap. VIII.

pour inspirer l'espèce d'horreur qu'il en té-
moigne.

· Montesquieu visita successivement toutes
les autres .grandes villes de l'Italie. Il paroît
qu'à Gênes il ne trouva ni les mêmes empressements, ni les mêmes plaisirs qu'il avoit ren-
contrés partout ailleurs. L'humeur qu'il en
conçut s'exhala dans une petite pièce de vers
mordante et presque cynique. Florence, au
contraire, lui plut infiniment, comme le
prouve ce passage d'une de ses lettres : « De
» mon temps, cette ville étoit un séjour char-
» mant ; et ce qui fut pour moi un objet agréa-
» ble, ce fut de voir le premier ministre du
» grand-duc sur une petite chaise de bois, en
» casaquin et en chapeau de paille devant sa
» porte. Heureux pays, m'écriai-je, où le
» premier ministre vit dans une si grande sim-
» plicité et dans un pareil désœuvrement ! »

Enfin il se rendit à Rome. Les chefs-d'œuvre
de l'antiquité et ceux des temps modernes
frappèrent vivement son imagination. Il n'a-
voit étudié ni la théorie ni la pratique des arts.
Mais il tenoit de son organisation ce sentiment
du beau, ce *goût naturel* qu'il définit *une application prompte et exquise des règles mêmes
que l'on ne connoît pas.* Ensuite, la contem-
plation réfléchie des ouvrages où les beautés

de la nature sont le plus heureusement imitées, l'analyse des impressions qu'il recevoit, et la recherche des différentes causes qui les avoient produites, lui firent découvrir ces règles générales et ces principes féconds déposés depuis dans son *Essai sur le Goût*, monument inachevé de son génie, qui place le législateur des nations au rang des plus habiles législateurs des beaux-arts. Parmi les hommes distingués avec lesquels il contracta des liaisons d'amitié dans la capitale du monde chrétien, il faut citer le cardinal Corsini, depuis pape sous le nom de Clément XII, et le cardinal de Polignac, auteur de *l'Anti-Lucrèce*. Son attachement pour celui-ci ne l'aveugloit pas sur les défauts de son poëme, qu'il trouvoit trop long de moitié, et dont il disoit : « C'est un enfant » qui ressemble à son père ; il décrit agréable- » ment et avec grâce ; mais il décrit tout et » s'amuse partout ». Montesquieu avoit *peur* » *des Jésuites*. Si j'offense quelque grand, di- » soit-il, il m'oubliera, je l'oublierai, je passerai » dans une autre province, dans un autre » royaume ; mais si j'offense les Jésuites à Rome, » je les trouverai à Paris : partout ils m'envi- » ronnent ». Nous verrons qu'à sa mort, les Jésuites ont pris soin de lui prouver combien ses craintes et ses réflexions étoient justes. En attendant, il en vit à Rome le moins qu'il lui fut possible; mais il ne put éviter de rencontrer chez le cardinal de Polignac le P. Vitry, *homme fort important, qui faisoit des médailles antiques et des articles de foi*, et le P. Fouquet, qui avoit été missionnaire à la Chine. Il eut depuis avec ce dernier une négociation dont l'objet étoit de faire résigner à l'abbé Duval, son secrétaire, un bénéfice que le P. Fouquet, devenu évêque *in partibus*, possédoit en Bretagne. Les difficultés que le jésuite prélat élevoit coup sur coup relativement aux conditions de cette espèce de marché, firent dire à Montesquieu : *On voit bien que Monseigneur n'a pas encore secoué la poussière.* Avant de quitter Rome, il alla prendre congé du pape Benoît XIV. Ce pontife, qui aimoit sa personne et son esprit, lui dit : *Mon cher président, avant de nous séparer, je veux que vous emportiez quelque souvenir de mon amitié. Je vous donne la permission de faire gras pour toute votre vie, à vous et à toute votre famille.* Montesquieu remercie le Pape, et lui fait ses adieux. Alors l'évêque camérier le conduit à la Daterie : là, on lui expédie les bulles de dispense, et on lui présente une note un peu élevée des droits à payer pour ce pieux privilége. Montesquieu, effrayé du montant, rend au secrétaire son brevet, et lui dit : *Je remer-cie S. S. de sa bienveillance ; mais le Pape est un si honnête homme ! Je m'en rapporte à sa parole, et Dieu aussi.*

Après avoir entièrement vu l'Italie, il visita la Suisse , parcourut les contrées arrosées par le Rhin, s'arrêta quelque temps en Hollande, et passa ensuite en Angleterre, où il séjourna deux ans. Il y reçut cet accueil empressé qu'on n'accusera pas les Anglois de refuser au mérite célèbre. La société royale de Londres l'admit au nombre de ses membres. La reine Anne, qui protégeoit les savants, les écrivains et les artistes, et dont le règne fut pour la Grande-Bretagne, comme le règne de Louis XIV l'avoit été pour la France, l'époque d'une grande gloire littéraire, l'honora d'une bienveillance particulière, et voulut souvent jouir de son entretien. Il eut une fois occasion de flatter en elle fort délicatement l'orgueil national et l'amour-propre personnel. Il a raconté lui - même l'anecdote de cette manière : « Je dînois chez le duc de Richmond. Le gen-» tilhomme ordinaire de La Boine, qui étoit » un fat, quoique envoyé de France en Angle-» terre, soutint que l'Angleterre n'étoit pas » plus grande que la Guienne. Je tançai mon » envoyé. Le soir, la reine me dit : « *Je sais*

» *que vous nous avez défendus contre votre*
» *M. de La Boine* ». — « *Madame, je n'ai pu*
» *imaginer qu'un pays où vous régnez ne fût*
» *pas un grand pays* ». Ce n'étoit pas là tout
à fait une vaine flatterie. Montesquieu pensoit
réellement que l'Angleterre étoit un grand
pays, non par son territoire, mais par ses lois;
et cette opinion est suffisamment attestée par le
magnifique tableau qu'il a tracé de la constitu-
tion angloise. Les Anglois s'en sont montrés
reconnoissants. Ils ont toujours regardé Montesquieu comme un des plus grands génies qui
aient éclairé le monde; et, dans la Chambre
des communes, *l'Esprit des Lois* est sur la
table avec le recueil même des lois dont il
offre un si beau commentaire.

Montesquieu, de retour en France, n'eut
rien de plus pressé que de se retirer à son château de la Brède. Il y passa deux années de
suite, jouissant de lui-même, faisant succéder
un repos doucement occupé aux agitations
d'une vie errante, mêlant les exercices du
corps aux travaux de l'esprit, et commençant
à mettre en œuvre cette immense collection de
faits et de pensées, produit de ses lectures et de
ses voyages, de ses recherches et de ses médi-
tations. Depuis long-temps il avoit posé les
fondements de son ouvrage *sur les Causes de*

la Grandeur des Romains et de leur Déca-dence. Il le continua, y mit la dernière main, et le fit paroître en 1734.

Nous allons le voir maintenant livré sans relâche à la composition de son grand ouvrage, de cet *Esprit des Lois*, qui fut la pensée dominante de toute sa vie, et auquel ses précédents écrits sembloient l'avoir conduit plutôt que l'en avoir détourné. Il faut l'entendre lui-même, nous mettant dans le secret de ses jouissances et de ses peines, de ses craintes et de ses espérances, de ses abattements et de ses transports de joie; enfin nous racontant avec naïveté toutes les circonstances, toutes les crises diverses de ce long et laborieux enfantement. L'idée de trouver dans la nature même des choses l'explication de tant de lois et de coutumes si différentes, et souvent si bizarres, qui ont gouverné les peuples anciens et modernes, cette idée s'étoit emparée de lui *au sortir du collége.* De même que Christophe Colomb prédit le continent de l'Amérique avant de l'avoir découvert, de même que Newton pressentit les lois de l'attraction avant de les avoir trouvées, Montesquieu soupçonna l'existence de ses *principes* avant que rien les lui eût fait apercevoir. Il les chercha long-temps sans pouvoir les rencontrer. Dès qu'ils se furent présentés à lui, il se crut assuré du succès. Mais bientôt *il craignit que ce beau et grand sujet ne fût beaucoup plus grand que lui-même. Il commença bien des fois, et bien des fois abandonna son ouvrage; il envoya mille fois au vent les feuilles qu'il avoit écrites; il sentoit tous les jours les mains paternelles tomber* [1]. Tantôt il lui sembloit que *son travail avançoit à pas de géant*, tantôt qu'*il reculoit à cause de son immensité*. Le morceau sur l'origine et les révolutions de nos lois civiles *pensa le tuer, et ses cheveux en blanchirent.* Enfin, *dans le cours de vingt années*, il vit ce grand monument *commencer, croître, s'avancer et finir* [2]. Il toucha la terre, et en abordant il s'écria : *Italiam! Italiam!* comme les compagnons d'Énée en mettant le pied sur les rivages du Latium. Il ne se félicita pas seulement d'avoir achevé; il s'applaudit encore *de n'avoir pas manqué de génie;* il crut pouvoir dire avec le Corrége : *Et moi aussi, je suis peintre* [3].

Sa confiance n'étoit cependant pas si grande, qu'il ne crût devoir consulter quelques amis

---

[1] Préface de *l'Esprit des Lois.*
[2] *Ibid.*
[3] *Ibid.*

sur le mérite de *l'Esprit des Lois*, avant de le
livrer à l'impression. Le président Hénault,
dit - on, n'y vit que d'excellents matériaux
pour un ouvrage qui étoit encore à faire. Hel-
vétius pensa que l'auteur avoit trop composé avec les préjugés, et n'avoit point assez
coupé dans le vif (ce furent ses termes). Le
jugement du président Hénault sur *l'Esprit
des Lois* pourra paroître un peu fier de la part
d'un homme qui ne fit qu'un abrégé chrono-
logique, si toutefois il le fit; mais personne
ne sera surpris que le téméraire auteur de
l'Esprit ait trouvé Montesquieu trop circon-
spect. Silhouette, qui fut contrôleur-géné-
ral, et qui avoit traduit en prose *l'Essai sur
l'Homme*, de Pope, fut encore plus sévère et
plus tranchant que les deux autres : il engagea
Montesquieu à jeter son manuscrit au feu.
Montesquieu, peu découragé par des avis qui
ne s'accordoient guère, et qui d'ailleurs étoient
trop absolus pour être bien réfléchis, répondit
en envoyant son manuscrit à l'impression,
après y avoir mis l'épigraphe : *Prolem sine
matre creatam,* épigraphe énigmatique qui
jusqu'à présent paroît avoir exercé infruc-
tueusement la sagacité des lecteurs[1]. L'ouvrage

[1] On lit dans les *Nouveaux Mélanges de madame Necker*;

fut imprimé à Genève, et ce fut un ministre de l'église de cette ville, le professeur Jacob Vernet, qui se chargea d'en revoir les épreuves. Cet homme officieux, poussant le zèle jusqu'à l'indiscrétion, se permit de changer quelques mots. Montesquieu n'approuva ni le procédé ni les changements, et dans l'édition suivante, donnée à Paris, il rétablit son véritable texte. Les conseils du professeur Vernet l'avoient trouvé plus docile que ses corrections. Il s'étoit décidé, d'après son avis, à supprimer une *Invocation aux Muses*, qu'il avoit placée en tête du Livre xx. Le morceau empreint de cette couleur antique dont il sembloit avoir retrouvé le secret, n'étoit qu'un magnifique hors-d'œuvre, une brillante singularité; et l'on peut applaudir sans aucun regret au sacrifice qu'il en a fait, puisque des mains amies ont pris soin de nous le conserver.

L'Esprit des Lois fut publié en 1748. Paroissant au milieu d'une société frivole, plus avide de plaisir que d'instruction, qui ne s'occupoit des choses du gouvernement que pour s'en moquer, et qui décidoit par un couplet ou

qu'il en donnoit lui-même cette explication : « Un livre sur » les lois doit être fait dans un pays de liberté; la liberté » en est la mère : je l'ai fait sans mère ».

par un bon mot toutes les questions de la politique, ce livre ne fit d'abord qu'une très-foible sensation, et peut-être n'en eût-il produit aucune, sans l'existence considérée et la réputation d'esprit dont jouissoit l'auteur. Chose singulière! ce furent deux femmes, mais à la vérité deux amies de Montesquieu, madame de Tencin et madame Geoffrin, qui les premières parurent frappées du mérite de l'ouvrage, et se déclarèrent en sa faveur. L'ouvrage alors commença d'avoir une sorte de vogue; mais le temps n'étoit pas encore venu de l'apprécier. Tous voulant l'avoir lu, quoique très-peu en eussent eu la patience, tous aussi voulurent le juger; et si quelques-uns consentirent à le vanter, la plupart, pour affecter une supériorité de goût et de lumières, prirent le parti d'en dire du mal. Des esprits distingués, mais malins ou envieux, donnèrent le signal du dénigrement. Un mot heureux et piquant d'une femme [1], mot qui avoit tout juste ce qu'il falloit de vérité pour une épigramme, devint l'opinion que chacun s'empressa d'adopter, et ceux-là mêmes reprochèrent au livre d'être écrit avec trop d'esprit, qui

---

[1] Madame du Deffand appeloit *l'Esprit des Lois*, de *l'esprit sur les lois.*

n'auroient pu en soutenir la lecture, s'ils y en avoient trouvé moins.

La classe de lecteurs sur laquelle Montesquieu avoit le moins compté, quoique ce fût celle qui devoit trouver le plus à profiter dans son ouvrage, c'étoient les rois. « Ils sont, » disoit-il, les derniers qui me liront, et peut-» être ne me liront-ils point du tout. Je sais » cependant, ajoutoit-il, qu'il en est un dans » le monde qui m'a lu (le roi de Prusse), et » M. de Maupertuis m'a mandé qu'il avoit » trouvé des choses où il n'étoit pas de mon » avis. Je lui ai répondu que je parierois bien » mettre le doigt sur ces choses ». Ces deux hommes de génie devoient naturellement s'entendre, soit que leur opinion fût semblable, soit que la différence d'état et de position en produisît une dans leur manière de penser. Frédéric professoit la plus haute estime pour Montesquieu; il le mettoit sur la même ligne que Tacite, et son dédain connu pour la langue de son pays lui faisoit dire que ces deux grands écrivains ne pourroient jamais être traduits en allemand.

Tandis que la France accueilloit avec trop d'indifférence et de légèreté un des ouvrages qui devoient le plus contribuer à sa gloire, les nations étrangères, abjurant tout esprit de rivalité, et voyant dans Montesquieu un bienfaiteur de l'humanité entière, s'empressoient de lui payer le tribut d'une admiration reconnoissante. L'Angleterre, où le goût des matières politiques avoit, comme aujourd'hui, sa source dans la nature même du gouvernement, et l'Italie, où ce même goût avoit survécu aux temps et aux circonstances qui l'avoient fait naître, conçurent pour *l'Esprit des Lois* une estime digne des compatriotes d'Harrington et de Machiavel, de Locke et de Gravina. Les Anglois, surtout, se montrèrent passionnés pour un livre où leurs institutions sembloient être offertes en exemple au reste de l'univers; et, par une de ces singularités qu'on sait être fort communes parmi eux, leur enthousiasme pour le génie de Montesquieu s'étendit jusqu'au vin qu'il récoltoit dans ses domaines. Il devint à la mode d'en boire; chacun voulut s'en procurer, et le propriétaire ne suffisoit plus aux demandes. Il s'applaudissoit naïvement de ce double triomphe. « Le succès que mon livre a » dans ce pays-là, disoit-il, contribue au succès » de mon vin; mais je crois que mon vin y fait » encore plus fortune que mon livre ».

La France ayant enfin appris de l'Europe qu'elle possédoit un chef-d'œuvre de plus, se

mit en devoir de l'admirer à son tour et de
s'en enorgueillir. Les esprits supérieurs, les
juges naturels de Montesquieu, osèrent alors
célébrer son génie, et la foule imitatrice se
mit à répéter leurs louanges. Cependant la
médiocrité jalouse, qui n'en veut qu'à la
gloire, et qui avoit épargné l'ouvrage tant
qu'on l'avoit méconnu, ne pouvoit tarder à
l'attaquer du moment que son triomphe avoit
commencé. On ne sauroit dénombrer, sans
fatigue et sans ennui, la foule des brochures
qui furent lancées presque à la fois contre *l'Esprit des Lois*. Montesquieu n'opposa d'abord
que le silence à ce débordement de critiques
ineptes, souvent mêlées d'injures grossières.
Il lui sembloit que *le public le vengeoit assez
des unes par le mépris, et des autres par l'in-
dignation*. Mais le plus vil peut-être de tous
ses ennemis, l'auteur janséniste d'un libelle
hebdomadaire et anonyme, intitulé *Nouvelles
ecclésiastiques*, obtint de lui, à force de fu-
reur et de perfidie, qu'il daignât lui répondre,
et, comme dit Voltaire, « que les trois doigts
» qui avoient écrit *l'Esprit des Lois* s'abais-
» sassent jusqu'à écraser, par la force de la
» raison et à coups d'épigrammes, la guêpe con-
» vulsionnaire qui bourdonnoit à ses oreilles
» quatre fois par mois ». Ce critique, ou plutôt

ce délateur odieux l'avoit accusé à la fois de déisme et de spinosisme, deux imputations qui s'entre-détruisent nécessairement. La gravité de l'accusation en fit disparoître à ses yeux l'absurdité, et il crut devoir à l'une l'honneur d'une réfutation, dont l'autre sembloit le dispenser. Il composa donc alors la *Défense de l'Esprit des Lois*, modèle de discussion solide et de plaisanterie légère. Il se félicitoit lui-même de l'avoir écrite de ce ton de modération maligne, plus puissant, plus victorieux que la véhémence contre les attaques de la sottise malveillante. « Ce qui plaît dans » ma Défense, disoit-il, ce n'est pas de voir les » vénérables théologiens mis à terre, c'est de » les y voir couler doucement ». La Sorbonne, avertie, excitée par les cris de quelques obscurs fanatiques, et craignant peut-être de se compromettre elle-même par son silence, voulut procéder à la censure de *l'Esprit des Lois*; mais, peu contente de l'effet qu'avoit produit dans le public le travail de ses premiers examinateurs, elle en nomma d'autres pour recommencer l'affaire. « Je suis extrêmement » tranquille là-dessus, disoit Montesquieu; » ils ne peuvent dire que ce que le nouvelliste » ecclésiastique a dit, et je leur dirai ce que » j'ai dit au nouvelliste ecclésiastique. Ils ne

» sont pas plus forts avec ce nouvelliste, et ce
» nouvelliste n'est pas plus fort avec eux. Il
» faut toujours en revenir à la raison. Mon
» livre est un livre de politique, et non pas
» un livre de théologie ; et leurs objections
» sont dans leurs têtes, et non pas dans mon
» livre ». Il disoit plus tard : « La Sorbonne
» cherche toujours à m'attaquer ; il y a deux
» ans qu'elle y travaille sans savoir presque
» comment s'y prendre. Si elle me fait mettre
» à ses trousses, je crois que j'acheverai de
» l'ensevelir [1] ». La Sorbonne, soit qu'elle eût
été intimidée par cette menace, soit que la
raison seule l'eût ramenée au parti de la modération, finit par abandonner entièrement
le projet de censurer *l'Esprit des Lois ;* et en
cela, sans doute, elle servit encore mieux ses
propres intérêts que ceux de l'auteur.

Si Montesquieu s'abstenoit en général de
répondre aux critiques injustes qu'on faisoit
de son livre, ce n'étoit pas qu'il y fût insen-
sible. Il paroît qu'il fut principalement affecté
de celle que fit ou que fit faire Dupin, fermier-
général, par lui qualifié de *pesant :* c'est ce qu'il
appeloit *être cité au tribunal de la maltôte, après*

---

[1] Allusion à l'ouvrage intitulé *le Tombeau de la Sor-*
bonne , attribué à l'abbé de Prades.

l'avoir été à celui du journal de Trévoux. Voltaire prétend que cette critique intitulée *Observations sur l'Esprit des Lois,* et formant trois volumes *in-*8°, fut « l'ouvrage d'une petite so-
» ciété de savants nourris dans la connoissance
» des affaires des hommes, qui s'assembla long-
» temps pour examiner avec impartialité le livre
» de Montesquieu », et il n'a pas dédaigné d'en tirer la plupart des remarques qui composent son *Commentaire sur quelques maximes de l'Esprit des Lois.* Cette critique fut imprimée, et non publiée. L'opinion la plus commune est que Montesquieu implora le crédit de madame de Pompadour pour faire supprimer l'édition. Quelques exemplaires ont été sauvés de la destruction, et, en devenant une rareté bibliographique, ils ont acquis le plus grand et presque le seul mérite qu'ils pussent avoir.

Pour achever l'histoire de Montesquieu, qui n'est guère que celle de ses ouvrages, il me reste à faire connoître en peu de mots ce que j'ai pu apprendre de l'origine, de la destination et du sort de divers écrits légers, ou de peu d'étendue qu'on peut considérer comme les jeux de sa plume et les délassements de son esprit.

Le *Temple de Gnide* fut composé pour l'amusement de la société de mademoiselle de

Clermont, chez qui il passoit une partie de ses soirées lorsqu'il habitoit Paris [1]. Madame du Deffand, la même qui qualifia si malignement *l'Esprit des Lois*, avoit appelé le *Temple de Gnide, l'Apocalypse de la galanterie*, et cette fois elle avoit rencontré plus juste.

Lysimaque fut un tribut que Montesquieu crut devoir payer à l'Académie de Nancy, après qu'il eut été reçu par elle au nombre de ses membres, et en même temps un hommage qu'il voulut rendre au roi de Pologne, fondateur de cette Académie. Il fit le portrait du vertueux Stanislas en peignant Lysimaque, à qui ses grandes qualités avoient fait éprouver de grands revers, et qu'elles avoient ensuite élevé au trône de l'Asie, où il étoit devenu *le père de la patrie, l'amour et les délices de ses sujets.*

Il ne put se résoudre à faire imprimer son roman d'*Arsace et Isménie*. « Le triomphe » de l'amour conjugal de l'Orient, disoit-il, » est peut-être trop éloigné de nos mœurs » pour être bien reçu en France ». Son fils, le baron de Secondat, cédant enfin aux solli-

---

[1] On croit qu'il fut imprimé pour la première fois en 1724, c'est-à-dire, trois ans après les *Lettres persanes*.

citations qui lui étoient faites depuis trente ans, le donna au public en 1783. Grimm n'est pas éloigné de croire que Montesquieu, dans l'origine, avoit destiné ce conte philosophique à augmenter le nombre des épisodes dont il a enrichi les *Lettres persanes*, mais qu'ayant jugé qu'il y tiendroit trop de place, il s'étoit décidé à en faire un ouvrage à part. Cette conjecture n'est pas dénuée de vraisemblance.

Montesquieu eut, comme plusieurs grands prosateurs du siècle dernier, le travers ou le malheur de faire peu de cas de la poésie ; et, comme la plupart d'entre eux, il ne laissa pas de composer quelques vers. Les portraits étoient à la mode dans les sociétés de son temps. Se trouvant à Lunéville, et voulant *amuser une minute le roi de Pologne*, il fit celui de madame la duchesse de Mirepoix, et il le fit en vers, apparemment pour prouver qu'avec de l'esprit on vient à bout de tout, et que, s'il dédaignoit la poésie, ce n'étoit pas qu'il fût hors d'état d'y réussir. La preuve n'est pas complète : il y a loin de la véritable poésie à ces riens galants et ingénieux qui ne tiennent que de la mesure et de la rime le droit d'être appelés des vers. Montesquieu exceptoit-il les siens du mépris qu'il témoignoit pour ceux des autres ? Je ne sais ; mais il engagea assez vivement son ami l'abbé Venuti à traduire son portrait de madame de Mirepoix en vers italiens, et il obtint cette satisfaction. On connoît encore de lui quelques petites pièces de société, remarquables également par l'esprit et la délicatesse. Il fut même une fois inspiré par la Muse de l'Impromptu, qui sembleroit ne devoir sourire qu'aux poètes de profession. Voici deux vers qu'il fit en se promenant dans le jardin de Boileau à Auteuil, dont le médecin Gendron, son ami, étoit devenu propriétaire :

Apollon, dans ces lieux, prompt à nous secourir,
Quitte l'art de rimer pour celui de guérir.

Qui n'a pas entendu exprimer, qui n'a pas exprimé soi-même des regrets sur la perte de l'*Histoire de Louis* xi, composée par Montesquieu ? Il ne reste à la postérité que la triste consolation de savoir comment ce malheur est arrivé. Montesquieu détruisoit à mesure les mémoires dont il se servoit pour composer son histoire. L'ouvrage étant achevé et mis au net, il dit à son secrétaire de brûler le brouillon. Celui-ci, par inadvertance, jeta la copie au feu, et Montesquieu, à son tour, trouvant le brouillon sous sa main, crut, en le brûlant lui-même, ne faire autre chose que réparer

un oubli de son secrétaire. Ainsi, brouillon et copie, tout fut anéanti. Un homme qui joint l'esprit et le goût à l'érudition, M. Walkenaër, eut le bonheur de parcourir, il y a quelques années, ce qui restoit encore des manuscrits de Montesquieu : il y trouva un fragment de l'*Histoire de Louis xi*, bien fait pour ajouter au chagrin causé par la perte de l'ouvrage, s'il en faut juger par ces traits qu'il en a détachés : « Il (Louis xi) ne vit dans le com-
» mencement de son règne que le commence-
» ment de sa vengeance........ Il lui sembloit
» que, pour qu'il vécût, il falloit qu'il fît vio-
» lence à tous les gens de bien...... Il (Riche-
» lieu) fit jouer à son monarque le second
» rang dans la monarchie, et le premier dans
» l'Europe; il avilit le roi, mais il illustra le
» règne ».

Grimm croit qu'il a existé entre les mains de M. le baron de Secondat des drames historiques composés par son père, dans le goût des pièces de Shakespeare, ou plutôt de la tragédie de *François ii* par le président Hénault. Le *Dialogue de Sylla et d'Eucrate*, ajoute-t-il, doit donner une grande idée de ce que devoient être ces drames.

Il y avoit six ans que *l'Esprit des Lois* avoit paru : on s'étoit lassé de contester à Montes-

quieu sa gloire, et il en jouissoit paisiblement,
lorsque sa santé, qui étoit naturellement déli-
cate, et qui depuis long-temps éprouvoit une
altération sensible, fut attaquée avec violence
par la maladie inflammatoire qui devoit promp-
tement terminer ses jours. Il étoit alors à
Paris. La nouvelle de son état fut un sujet
d'affliction publique. Quoique éloigné de sa
famille, il eut la douceur de mourir entouré
des soins les plus empressés et les plus tendres :
ces soins lui furent prodigués par la duchesse
d'Aiguillon, son ancienne amie, le duc de
Fitz-James, le duc de Nivernois, le chevalier
de Jaucourt, et deux autres personnes qui pa-
roissent lui avoir été toujours fort chères,
M. et madame Dupré-de-Saint-Maur. Il disoit
de l'un : *Aucun homme n'a tant été à lui que
lui;* et de l'autre : *Elle est également bonne à
en faire sa maîtresse, sa femme ou son amie.*

On a imprimé dans le temps une lettre de
la duchesse d'Aiguillon, contenant quelques
détails sur ses derniers moments. Un autre
récit des mêmes circonstances a été fait, depuis la révolution, par feu M. d'Arcet, qui,
après avoir élevé le fils de Montesquieu, étoit
resté l'ami de ce grand homme, et avoit aussi
assisté à sa mort. Les deux narrations s'accor-
dent : seulement la dernière présente sous un

jour encore plus désavantageux le rôle que jouèrent les Jésuites dans cette affaire, et cette différence s'explique naturellement par celle des deux époques. Le P. Routh avoit été chargé par la société de diriger, et, au besoin, de contraindre les dernières dispositions du mourant, et le célèbre P. Castel, lié avec Montesquieu, qui l'appeloit, dit-on, *l'arlequin de la philosophie*, s'étoit joint officieusement à son confrère. *Tâchez*, disoit Montesquieu à M. d'Arcet, *de me débarrasser de ces moines ; il faudroit, pour leur plaire, faire leur volonté, et je suis accoutumé à ne faire que la mienne.* Il disoit à madame d'Aiguillon, en lui remettant un exemplaire des *Lettres persanes* avec des corrections : *Je sacrifierai tout à la religion et à la raison, mais rien aux Jésuites. Voyez avec mes amis si cela doit paroître.* Le P. Routh, ayant profité d'une absence de madame d'Aiguillon, entra dans la chambre de Montesquieu, en fit sortir son secrétaire, et s'y enferma sous clef. Madame d'Aiguillon, de retour, entendit, en s'approchant de la porte, le malade qui parloit avec émotion ; elle frappa, et le Jésuite ouvrit. *Pourquoi*, dit-elle, *tourmenter cet homme mourant ?* Montesquieu, reprenant lui-même la parole, dit : *Voilà, Madame, le P. Routh qui voudroit m'obliger à lui livrer la*

clef de mon armoire pour enlever mes papiers.
Madame d'Aiguillon fit des reproches de cette
violence au confesseur, qui s'excusa en disant :
Madame , il faut que j'obéisse à mes supé-
rieurs. Avant de donner le Viatique au malade,
le curé de Saint-Sulpice , se tournant vers le
confesseur , lui demanda *si le malade avoit*
satisfait.. Oui , lui répondit le P. Routh ,
comme un grand homme. Le curé dit alors à
Montesquieu : *Monsieur , vous comprenez*
mieux qu'un autre combien Dieu est grand....
Oui , reprit-il, *et combien les hommes sont*
petits. De ce que Montesquieu mourant re-
poussoit ainsi les tentatives intéressées d'une
société ambitieuse, qui vouloit s'emparer de la
mort des hommes célèbres, quand elle n'avoit
pu s'emparer de leur vie, il n'en faut pas conclure que, dans cette dernière circonstance,
ses sentiments, ses actes et ses discours ne fussent pas tels qu'on avoit droit de les attendre
d'un homme qui devoit à ses concitoyens
l'exemple du respect pour les institutions du
pays. *J'ai toujours respecté la religion ,* disoit-
il ; *la morale de l'Évangile est une excellente*
chose , et le plus beau présent que Dieu pût
faire aux hommes. Il mourut le 10 février
1755, après treize jours de maladie, et à l'âge
de soixante-six ans révolus. Louis XV, qui

avoit envoyé savoir de ses nouvelles pendant sa maladie, dit, en apprenant sa mort : *C'est un homme impossible à remplacer.*

Grimm prétend que Montesquieu *quitta la vie sans que le public s'en fût pour ainsi dire aperçu.* Tous les autres récits établissent le contraire. « Son convoi funéraire, ajoute-t-il, » s'est fait sans personne : M. Diderot est le » seul de tous les gens de lettres qui s'y soit » trouvé ». Heureusement nous pouvons, sans démentir l'assertion de Grimm, qui est peut-être véritable, sauver l'honneur des hommes qu'elle inculpe. D'Alembert nous apprend que, malgré la rigueur de la saison, presque tous les membres de l'Académie françoise qui n'étoient point absents de Paris, se firent un devoir d'assister au service solennel que, suivant l'usage, cette compagnie fit faire à Montesquieu sept jours après sa mort.

Le P. Routh, qui avoit inutilement pressé Montesquieu de rétracter des erreurs dont il ne se reconnoissoit pas coupable, ne craignit pas, après sa mort, de supposer et de publier ce même désaveu qu'il n'avoit pu obtenir. Il lui fit dire que « c'étoit le goût du neuf et du » singulier, le désir de passer pour un génie » supérieur aux préjugés et aux maximes com-

» munes, l'envie de plaire et de mériter les
» applaudissements de ces personnes qui don-
» nent le ton à l'estime publique, et qui n'ac-
» cordent jamais plus sincèrement la leur que
» quand on semble les autoriser à secouer le
» joug de toute dépendance et de toute con-
» trainte, qui lui avoient mis les armes à la
» main contre la religion ». Montesquieu ne
pouvoit plus démentir le P. Routh, et ses amis
ne l'osoient pas encore. Ce désaveu eût-il été
vrai, il semble que le secret inviolable exigé
du prêtre qui reçoit l'aveu de nos fautes en
eût dû empêcher la divulgation, à moins que
Montesquieu lui-même ne l'eût autorisée pour
l'édification publique. Quoiqu'il soit difficile
de se placer entre les scrupules d'un mourant
et la sincérité d'un confesseur, on peut croire
qu'en aucun moment de sa vie, sans en excepter
le dernier, Montesquieu ne se reprocha ces
traits un peu vifs que d'autres l'accusoient
d'avoir lancés contre la religion chrétienne
dans ses *Lettres persanes*. Trente ans après les
avoir publiées, et deux ans seulement avant
de mourir, il disoit encore : « Il faut qu'un
» Turc voie, pense et parle en Turc, et non
» en Chrétien : c'est à quoi bien des gens ne
» font pas attention en lisant les *Lettres per-*
» *sanes* ».

Montesquieu avoit épousé, en 1715, mademoiselle de Lartigue, fille d'un lieutenant-
colonel. Il en eut un fils et deux filles. Il maria
l'une de celles-ci à M. de Secondat d'Agen,
d'une autre branche de sa maison, afin que
ses biens restassent dans sa famille, en cas
que son fils, qui étoit marié depuis plusieurs
années, continuât de ne pas avoir d'enfants.
Mademoiselle de Montesquieu, avant son ma-
riage, lui fut d'une grande utilité pour la
composition de *l'Esprit des Lois.* Comme il
eut toujours la vue très-mauvaise, et que son
secrétaire ne pouvoit suffire aux immenses
lectures qu'il lui faisoit faire, elle lisoit à son
tour. Semblable aux filles de Milton, qui, pour
rendre le même service à leur père aveugle,
avoient appris à connoître les caractères des
langues savantes, elle s'étoit accoutumée à
déchiffrer nos plus vieux auteurs, tels que
Beaumanoir, Joinville et autres. Douée,
comme son père, d'un esprit vif et enjoué,
elle égayoit, dit-on, ces rebutantes lectures
par des remarques plaisantes sur les mots et
sur les choses.

Le baron de Secondat se montra digne de
son père par ses vertus, mais non par ses
talents. Montesquieu, qui connoissoit tous les
dangers de la carrière des lettres, souhaitoit

pour son fils un bonheur tranquille plutôt qu'une gloire orageuse. Ce fils ne répondit pas entièrement aux projets qu'il avoit formés pour son établissement; mais du moins, s'il cultiva les sciences et les arts, ce fut sans exciter l'envie, et sans voir son repos troublé par les inconvénients de la célébrité.

Grimm raconte à ce sujet l'anecdote suivante, qu'il tenoit de l'abbé Quesnel, ami de Montesquieu. Celui-ci, partant pour sa terre, avoit prié l'abbé de veiller sur l'éducation de son fils qu'il venoit de mettre au collége d'Harcourt. Revenu à Paris, il n'eut rien de plus pressé que d'aller demander des nouvelles du jeune homme au digne ecclésiastique à qui il l'avoit recommandé pendant son absence. *Ses mœurs? — Ne laissent rien à désirer. — Son caractère? — Doux et liant; tous ses camarades le chérissent.* Jusque-là sa tendresse paternelle sembloit jouir de la plus entière satisfaction. L'abbé crut y ajouter encore en lui apprenant que ses maîtres étoient infiniment contents de son application, qu'il avoit beaucoup de goût pour les sciences, et surtout pour l'histoire naturelle, où il avoit déjà fait des progrès étonnants pour son âge. A ce mot, Montesquieu pâlit, et, se jetant dans un fauteuil avec toutes les marques du plus profond désespoir : *Ah ! mon ami, vous me tuez : voilà donc toutes mes espérances perdues ! Vous savez quel projet j'avois formé pour cet enfant, la charge que je lui destinois. C'en est fait, il ne sera jamais qu'un homme de lettres, un original comme moi, et nous n'en ferons jamais autre chose.* Ce goût du jeune Secondat pour l'histoire naturelle, goût que Montesquieu lui-même avoit eu, et qu'il lui avoit peut-être communiqué, s'accrut avec le temps, et devint une passion. Il ne se contenta pas d'écrire sur cette science ; il voulut encore, essayant de marcher sur les traces de son père, traiter, dans un ouvrage, du commerce et de la navigation de la Grande-Bretagne, et dans un autre, de la marine militaire de France. Ce dernier écrit, dans lequel notre puissance navale étoit exagérée, fut publié à Londres, où l'auteur se trouvoit alors, et n'y fit pas, à beaucoup près, la même fortune que *l'Esprit des Lois.* M. de Secondat est mort à Bordeaux en 1796, âgé de soixante-dix-neuf ans.

Montesquieu joignoit aux facultés de l'esprit qui font l'homme supérieur les qualités de l'âme et les agréments du caractère qui constituent le galant homme. On a trouvé son économie excessive ; tranchons le mot, il a passé pour avare. Il s'est inscrit lui - même contre

cette fausse opinion. « Je n'ai pas paru dépen-
» sier, a-t-il dit; mais je n'ai jamais été avare,
» et je ne sache pas de chose si peu difficile que
» je l'eusse faite pour gagner de l'argent..... Je
» n'ai pas laissé, je crois, d'augmenter mon
» bien; mais c'étoit plutôt pour une certaine
» idée d'habileté que cela me donnoit que
» pour l'idée de devenir plus riche ». Il ne se
refusoit rien; mais ses besoins bornoient sa
dépense, et la prodigalité lui paroissoit une
folie. « Il faut, disoit-il encore, regarder son
» bien comme son esclave; mais il ne faut pas
» perdre son esclave ». Son habillement étoit
de la plus grande simplicité : il avoit pour
maxime qu'*en fait de parure, il faut toujours
rester au-dessous de ce qu'on peut.*

Il ne se souvenoit pas d'avoir *dépensé quatre
louis par air;* mais sa bourse étoit ouverte aux
malheureux qui en avoient besoin. Un Anglois,
nommé Henry Sully, établi en France, où l'art
de l'horlogerie lui dut plusieurs de ses perfec-
tionnements, lui écrivit un jour cette lettre :

« J'ai envie de me pendre; mais je crois ce-
» pendant que je ne me pendrois pas, si j'avois
» cent écus ». Il lui répondit : « Je vous en-
» voie cent écus; ne vous pendez pas, mon
» cher Sully, et venez me voir ».

Il n'étoit pas toujours nécessaire de solliciter

ses secours pour les obtenir; et faisant le bien pour le bien lui-même, il se déroboit volontiers à la reconnoissance. Tout le monde connoît le trait de bienfaisance qu'on a mis sur la scène sous le titre du *Bienfait anonyme;* mais il n'est pas permis de l'omettre dans une vie de Montesquieu; et personne d'ailleurs ne sera fâché de relire une si touchante aventure. Montesquieu alloit souvent visiter sa sœur, madame d'Héricourt, à Marseille. Se promenant un dimanche soir sur le port, il est invité par un jeune matelot, dont la physionomie et l'air d'éducation le frappent, à prendre de préférence son bateau pour aller faire un tour en mer. Entré dans le bateau, il questionne ce jeune homme; il apprend de lui que son père a été pris par des corsaires et emmené captif à Tétuan; que sa mère et ses deux sœurs travaillent de toutes leurs forces pour amasser sa rançon, et que lui-même, après avoir toute la semaine fait le métier d'apprenti joaillier, il fait celui de batelier le dimanche pour gagner quelque argent de plus, et contribuer d'autant au rachat de son père. Montesquieu s'étant fait ramener à terre, met dans la main de ce vertueux fils sa bourse qui contenoit une somme assez forte, et s'échappe. Six semaines après, le père revient dans sa maison, juge bientôt à l'étonnement des siens qu'il ne leur doit pas sa liberté comme il l'avoit pensé d'abord, et leur apprend que, non-seulement on l'a racheté, mais qu'encore, après avoir pourvu aux frais de son habillement et de son passage, on lui a fait remettre une somme de cinquante louis. Le jeune homme alors soupçonne un nouveau bienfait de la part du généreux inconnu qui lui avoit fait présent de sa bourse, et il se met en devoir de le chercher. Après deux ans d'inutiles démarches, il le rencontre dans la rue, se précipite à ses genoux qu'il arrose de larmes, et le conjure de venir recevoir les bénédictions d'une famille qui lui doit son bonheur. Montesquieu refuse de le reconnoître, ne veut convenir de rien, et s'échappe encore à la faveur de la foule qui les entouroit. Cette belle action seroit restée toujours inconnue, si l'on n'eût trouvé dans ses papiers, après sa mort, la note d'une somme de 7,500 francs, envoyée à un banquier de Cadix. Ce banquier, à qui l'on demanda des éclaircissements, répondit que la somme avoit été employée par lui, d'après l'ordre de M. de Montesquieu, à délivrer un Marseillois nommé Robert, esclave à Tétuan.

Les bienfaits pécuniaires sont ceux qui coûtent le moins à certains hommes plus riches que serviables, plus avares de leur peine que de leur argent, et craignant moins d'épuiser leur bourse que d'user leur crédit. L'espèce de bienfaisance la plus rare et la plus méritoire consiste à s'employer avec activité, avec chaleur, avec suite, en faveur de ceux qui sont négligés ou persécutés. Montesquieu pratiquoit aussi cette manière d'obliger. L'Académie françoise étoit sur le point d'admettre dans son sein l'auteur de *la Métromanie*. Montesquieu, alors directeur de cette compagnie, fut mandé à Versailles, et le Roi lui dit qu'il ne vouloit pas que Piron fût élu. L'opposition étoit formelle, et il y avoit peu d'espoir de la vaincre. Montesquieu prit le parti de s'adresser à une femme dont la haute faveur devoit sans doute révolter la morale publique, mais qui, sachant en faire un noble usage, méritoit quelquefois qu'on en oubliât la source. Il écrivit à madame de Pompadour la lettre suivante :

« Piron est assez puni, Madame, pour les » mauvais vers qu'on dit qu'il a faits; d'un » autre côté, il en a fait de très-bons. Il est » aveugle, infirme, pauvre, marié, vieux. Le » Roi ne pourroit-il pas lui accorder quelque » pension? il est beau de l'obtenir. C'est ainsi » que vous employez le crédit que vos belles » qualités vous donnent; et, parce que vous » êtes heureuse, vous voudriez qu'il n'y eût

» point de malheureux. Le feu Roi exclut
» La Fontaine d'une place à l'Académie à cause
» de ses Contes, et il la lui rendit six mois
» après à cause de ses Fables ».

Piron obtint une pension de 1,000 livres, et Montesquieu fut chargé de la lui annoncer. Le vieux poète alors eut plus d'un motif pour se consoler de n'être point de l'Académie : on l'avoit jugé digne d'en être ; il recevoit l'équivalent d'un droit de présence auquel sa position ne lui permettoit pas d'être indifférent, sans être obligé de le mériter par une assiduité quelquefois gênante, et enfin il pouvoit continuer à faire des épigrammes contre les académiciens, sans manquer à ces égards qu'on se doit entre confrères.

On a parlé de l'ambition de Montesquieu : on a dit qu'il avoit aspiré à la place de chancelier. Rien ne prouve qu'il ait élevé jusque-là ses prétentions ; mais il est certain que, si dans le temps on lui eût accordé cette dignité, qui pouvoit alors paroître au-dessus de sa naissance ou du moins de sa position dans le monde, chacun diroit maintenant qu'elle a été honorée par lui plus qu'elle ne l'a honoré lui-même. Au reste, son ambition, s'il en avoit, étoit grande comme son mérite, et cette égalité de proportion ne se rencontre pas toujours.

« Je n'aime pas les petits honneurs, disoit-
» il. On ne savoit pas auparavant ce que
» vous méritiez, mais ils vous fixent et dé-
» cident au juste ce qui est fait pour vous ».
Il déclare quelque part qu'*il n'a point aimé
à faire sa fortune par le moyen de la cour,* et
quelqu'un lui faisant entendre qu'on lui donneroit une pension : *N'ayant pas fait de bas-
sesses,* répondit-il, *je n'ai pas besoin d'être
consolé par des grâces.*

On lui a reproché aussi d'avoir été trop jaloux de ses droits seigneuriaux, trop attaché,
en général, aux prérogatives de la naissance.
Le même reproche a été fait à Montaigne, son
compatriote; et il n'est peut-être juste à l'égard
de l'un ni de l'autre : du moins ils y mettoient
tous deux de la naïveté, et tous deux avoient
au fond trop de véritable amour-propre pour
pousser bien loin cette ridicule vanité. Montesquieu disoit : « Quoique mon nom ne soit
» ni bon ni mauvais, n'ayant guère que deux
» cent cinquante ans de noblesse prouvée,
» cependant j'y suis attaché, et je serois homme
» à faire des substitutions ». Et il en fit en effet.
Il disoit une autre fois : « Je fais faire une assez
» sotte chose, c'est ma généalogie ».

Il étoit peu susceptible de passions, de sentiments forts et profonds. Le marquis d'Ar-

genson, qui l'avoit beaucoup connu, ainsi
que Fontenelle, assure qu'ils se ressembloient
entièrement à cet égard, quoique Montesquieu,
plus vif, parût avoir plus de sensibilité et d'enthousiasme. Ce témoignage est assez d'accord
avec celui de Montesquieu lui-même. « J'ai été
» dans ma jeunesse, disoit-il, assez heureux
» pour m'attacher à des femmes dont j'ai cru
» être aimé ; dès que j'ai cessé de le croire, je
» m'en suis détaché soudain ». *A trente-cinq
ans il aimoit encore :* c'est lui qui en fait la re-
marque, comme si la chose étoit singulière,
et qu'elle dût exciter quelque surprise ; mais,
en revanche, *il étoit amoureux de l'amitié,*
sentiment plus tranquille, plus analogue à la
trempe de son âme, plus conforme aux habitudes de son esprit.

La haine est quelquefois la passion des
cœurs froids : Montesquieu ne la connoissoit
pas. « Je pardonne aisément, disoit-il, parce
» que je ne suis pas haineux : il me semble
» que la haine est douloureuse ». Ayant eu
fort à se plaindre du P. Tournemine, jésuite,
qui, par le despotisme de ses opinions et de
ses manières, l'avoit forcé de se retirer d'une
société où il se plaisoit beaucoup, et qui ensuite avoit travaillé à le ruiner dans l'esprit
du cardinal de Fleury, au sujet des *Lettres*

persanes, il borna toute sa vengeance à dire aux personnes qui le nommoient devant lui : *Qu'est-ce que le P. Tournemine ? Je n'en ai jamais entendu parler.* Ce propos, dit-on, mettoit l'orgueilleux jésuite au désespoir.

Montesquieu avoit les véritables passions d'un sage, l'amour du bien public, et par conséquent la haine des vices qui nuisent au bonheur de la société. Le fanatisme persécuteur, et l'odieuse hypocrisie qui en emprunte les dehors, étoient l'objet de sa plus profonde aversion. Son fils, étant au collége, avoit un laquais nommé Doyenart. Cet homme, ayant appris un peu de latin, et se croyant appelé à l'état ecclésiastique, obtint de l'évêque de Bayonne, dont il étoit diocésain, la permission d'en prendre l'habit. Devenu prêtre et bénéficier, il vint à Paris demander à Montesquieu sa protection auprès du comte de Maurepas, et le prier de présenter lui-même au ministre une requête par laquelle il sollicitoit un bénéfice vacant, meilleur que celui dont il étoit pourvu. La requête commençoit ainsi : « Pierre Doyenart, prêtre du diocèse » de Bayonne, ci-devant employé par feu » M. l'évêque à découvrir les complots des » Jansénistes, ces perfides qui ne reconnois- » sent ni Pape, ni Roi, etc. ». Montesquieu,

ayant lu ce début, plia la requête, et la ren-
dant à Pierre Doyenart, lui dit : « *Allez,*
» *Monsieur, la présenter vous-même ; elle*
» *vous fera honneur et aura plus d'effet ;*
» *mais auparavant passez dans ma cuisine*
» *pour déjeûner avec mes valets* ». Pierre
Doyenart ne se le fit pas redire, et il y alloit
de lui-même chaque fois qu'il venoit visiter
son ancien maître. Ce galant homme réussit ;
Montesquieu écrivoit à l'abbé de Guasco :
« Auriez-vous cru que ce laquais métamor-
» phosé en prêtre fanatique, et conservant
» les sentiments de son premier état, parvînt
» à obtenir une dignité dans un chapitre ? »

Quoique Montesquieu ait dit quelque part :
« Je suis, je crois, le seul homme qui ait
» mis des livres au jour sans être touché de
» la réputation de bel-esprit », il seroit difficile, il seroit triste de croire qu'il eût été in-
sensible aux douceurs de la célébrité. Comme
il avoit acquis fort jeune encore une brillante
renommée, admettons qu'avec l'âge il ait senti
s'amortir en lui par degrés la vivacité d'une
passion dont l'objet étoit depuis long-temps
en sa possession ; mais chaque fois qu'un
nouvel ouvrage lui donnoit un nouveau titre
à la gloire, sa passion pour elle se ranimoit,
et l'impatience que lui causoient les critiques,

trahissoit son attachement à un bien qu'il auroit vu attaquer avec plus d'indifférence, s'il l'eût aimé avec moins d'ardeur.

S'il estimoit de la gloire ce qu'elle a de solide, c'est-à-dire, l'approbation du petit nombre des esprits droits et éclairés, on peut assurer qu'il dédaignoit ces futiles jouissances de la vanité, que procurent les stupides empressements de la multitude. Tandis que des écrivains médiocres fatiguoient le pinceau et le burin à multiplier leur portrait pour la satisfaction d'un public qui ne le leur demandoit pas, Montesquieu, résistant aux prières de sa famille et de ses amis, ne vouloit point consentir à laisser fixer sur la toile des traits dont la postérité réclamoit l'image. Enfin, cet honneur que nos plus célèbres artistes avoient sollicité vainement pour leurs crayons, un artiste étranger l'obtint, en intéressant la modestie même de Montesquieu à lui accorder ce qu'elle avoit refusé à tant d'autres. Dassier, fameux graveur génevois, attaché à la Monnoie de Londres, qui avoit déjà fait les médailles de plusieurs grands hommes du siècle, vint à Paris exprès pour ajouter celle de Montesquieu à sa collection. Montesquieu, quoique touché d'une démarche que ses circonstances rendoient singulièrement flatteuse, fit d'abord d'assez grandes difficultés. *Croyez-vous donc,* lui dit enfin Dassier, *qu'il n'y ait pas encore plus d'orgueil à refuser ma proposition qu'il n'y en auroit à l'accepter?* Vaincu par ce trait vif et ingénieux, il se mit à la discrétion de l'artiste, qui, malgré la pétulance de son modèle et la prodigieuse mobilité de ses traits, ne tarda pas à saisir sa ressemblance. Cette médaille de Dassier est le type de tous les portraits de Montesquieu que l'on possède.

L'amour de la gloire et l'envie habitent trop souvent dans le même cœur. L'envie, cette passion basse et cruelle, qui est à elle-même son châtiment le plus rude, et dont on auroit pitié sans l'horreur qu'elle inspire, Montesquieu, loin d'en éprouver le tourment, aimoit à la poursuivre, à la punir dans ceux qui en étoient possédés. « Partout où je trouve l'en- » vie, disoit-il, je me fais un plaisir de la » désespérer; je loue toujours devant un en- » vieux ceux qui le font pâlir ». Ce n'étoit pas sans doute l'unique motif qui lui faisoit déclarer si hautement son estime pour les écrivains les plus distingués de son temps. Il avoit une prédilection particulière pour Cré- billon : c'étoit une de ses *vieilles admirations.* « Il y a, disoit-il, des cœurs qui sont faits » pour certains genres de dramatique; le mien

» en particulier est fait pour celui de Crébillon ;
» et, comme dans ma jeunesse je devins fou
» de *Rhadamiste*, j'irai aux petites maisons
» pour *Catilina* ». Quant à Voltaire, on sait
qu'il ne lui rendoit pas entièrement justice,
et que Voltaire, à son tour, ne se piquoit
pas envers lui d'une exacte équité. Il n'en
faut point chercher la cause dans des oppo-
sitions, dans des antipathies de caractère,
de doctrine et de talent. Il y avoit entre eux
plus d'accord que de dissentiment en ce qui
regardoit les principes philosophiques, et leur
tour d'esprit, sans être tout-à-fait semblable,
étoit loin d'offrir un contraste décidé. Mais
leurs deux réputations, dont l'une (celle de
Montesquieu) compensoit par un caractère plus
marqué d'élévation et de solidité ce que l'autre
avoit de plus brillant et de plus étendu, ces
deux réputations, trop analogues cependant
pour ne pas rivaliser entre elles, et trop différentes pour que l'une pût absorber l'autre,
sembloient se trouver trop à l'étroit dans un
espace que chacune d'elles auroit voulu remplir toute seule. De là, peut-être, sans qu'ils
s'en rendissent compte à eux-mêmes, cette
sévérité chagrine avec laquelle ils se traitoient
mutuellement. Ce qu'il y a de singulier, c'est
qu'ils s'accusoient l'un l'autre de trop d'es-

prit : il est certain qu'ils en avoient prodi-
gieusement tous deux, et que, si cet excès fort
rare d'une qualité qui n'est pas très-commune
peut être la matière d'un reproche, ils le
méritoient tous deux également. Montesquieu
disoit : « Voltaire a trop d'esprit pour m'en-
» tendre. Tous les livres qu'il lit, il les fait ;
» après quoi, il approuve ou critique ce qu'il
» a fait ». Il lui trouvoit plus de *bel esprit* que
de *bon esprit*, et l'accusoit de *manquer quel-*
quefois de sens. On lui attribue aussi ce mot :
» Voltaire a le plus de l'esprit dont tout le
» monde a ». Voltaire, de son côté, n'épar-
gnoit à Montesquieu ni les critiques piquantes,
ni les réflexions malignes ; mais c'est lui qui
a dit à propos de *l'Esprit des Lois* : « Le
» genre humain avoit perdu ses titres, Mon-
» tesquieu les a retrouvés et les lui a rendus ».
Il n'y a pas d'épigrammes qu'un si magnifique
éloge ne rachète et n'efface.

Un de ses contemporains et de ses amis que
j'ai déjà cité, le marquis d'Argenson, a tracé
en peu de mots l'humeur et les manières qu'il
portoit dans la société. « Beaucoup de dou-
» ceur, assez de gaîté, une égalité parfaite,
» un air de simplicité et de bonhomie qui,
» vu sa réputation, lui formoit un mérite par-
» ticulier. Il avoit quelquefois des distractions,

» et il lui échappoit des traits de naïveté qui
» le faisoient trouver plus aimable, parce qu'ils
» contrastoient avec l'esprit qu'on lui con—
» noissoit ». Sans trop convenir qu'il étoit
distrait, selon l'ordinaire des gens qui ont ce
petit défaut, il avouoit qu'*il n'étoit pas fâché
de passer pour tel, parce que cela lui faisoit
hasarder bien des négligences, qui autrement
l'auroient embarrassé.* Il se plaignoit plus
franchement de sa timidité, qu'il appeloit le
fléau de toute sa vie, qu'il accusoit *de répandre
un nuage sur ses pensées, de déranger ses
expressions, et même de lier sa langue. Il étoit
moins sujet à ces abattements devant des gens
d'esprit que devant des sots;* et il se félicite
quelque part d'avoir, dans de grandes occa-
sions, fait d'assez heureux efforts pour rompre
les liens qui enchaînoient son esprit et ses
organes. Les preuves qu'il en donne, je suis
forcé d'en convenir, attesteroient mieux au
besoin l'empire de la timidité sur lui, que son
triomphe sur elle. On croit entendre madame
de Sévigné s'applaudissant *d'avoir été en fortune,* parce qu'elle a répondu, sans trop hé-
siter, des choses assez communes à Louis XIV
qui la questionnoit. On conçoit que, timide
et distrait à la fois, Montesquieu ne cherchât
point à briller dans la conversation : il y brilloit

d'autant moins, qu'on avoit l'air de s'y attendre davantage, et *il étoit ravi de trouver un homme qui voulût bien en prendre la peine pour lui. Il aimoit les maisons où il pouvoit se tirer d'affaire avec son esprit de tous les jours.* Telles étoient pour lui quelques sociétés composées des hommes les plus distingués et des femmes les plus aimables de Paris : là, on lui permettoit de ne regarder la conversation que comme un délassement ; on lui pardonnoit son silence ou sa rêverie, et on lui savoit gré des traits inattendus, des vives *saillies de réflexion* [1] par lesquelles il sortoit quelquefois de l'un ou de l'autre. Son accent gascon, dont il sembloit avoir dédaigné de se corriger, et sa voix claire, même un peu criarde, donnoient à ses paroles un air de singularité qui les rendoit peut-être encore plus remarquables. Du reste, on cite de lui très-peu de ce qu'on appelle bons mots, soit qu'il lui échappât rarement de ceux qui se retiennent, soit plutôt qu'on n'ait pas pris le soin de les recueillir. Le plus connu est sa réponse à un conseiller du parlement de Bordeaux, homme vif et léger, qui, s'efforçant de lui persuader une chose difficile à croire, lui disoit : *Si ce n'est*

---

[1] Mot de Vauvenargues.

pas vrai, je vous donne ma tête. Je l'accepte,
répondit Montesquieu, *les petits présents en-*
tretiennent l'amitié. On raconte aussi qu'une
demoiselle, dont les aventures galantes avoient
eu des suites difficiles à cacher, le questionnant
avec quelque importunité sur ce qu'il enten-
doit par le bonheur, il lui répondit : *Le bon-*
heur, c'est la fécondité pour les reines, et la
stérilité pour les filles.

L'art d'écrire des lettres a plus d'un rapport
avec celui de converser, dont il est le supplé-
ment. La plupart des qualités qu'ils exigent
leur sont communes; ils ont les mêmes défauts à fuir et les mêmes agréments à recher-
cher; l'esprit réussit mieux dans l'un et dans
l'autre que le génie, le désir de plaire que
celui de convaincre, la science du monde que
celle des livres : les femmes ont excellé dans
tous deux, parce que dans tous deux l'abandon, le mouvement, la variété, les grâces
naturelles et faciles composent le suprême
mérite. L'auteur de *l'Esprit des Lois* auroit
pu dédaigner ce talent ou ne pas le posséder,
faute d'y savoir descendre; mais il est permis
de s'étonner qu'il ait manqué à l'auteur des
Lettres persanes. Il s'en apercevoit lui-même,
et en témoignoit quelque regret. « Je donne-
» rois, disoit-il au président Hénault, trois ou

» quatre livres de *l'Esprit des Lois* pour sa-
» voir écrire une lettre comme vous ». C'étoit
mettre la chose à bien haut prix, et nous
aurions tous, comme lui, trop perdu à ce
marché. Les vraies causes du peu de succès
de Montesquieu dans le genre épistolaire pa-
roissent être l'état de forte préoccupation où
le tenoit la composition de ses ouvrages, son
extrême vivacité qui ne lui permettoit pas de
s'étendre dans une lettre au-delà de ce qui
étoit indispensable, et la foiblesse de ses yeux
qui le condamnoit à n'écrire que peu de mots
à la fois, ou à se servir d'une main étrangère.
Buffon expliquoit, par les mêmes causes,
cette grande concision qui est une des qualités
les plus distinctives de son style, et que devoit
trouver excessive un écrivain aussi nombreux
que l'auteur de *l'Histoire naturelle*. « J'ai beau-
» coup connu Montesquieu, disoit-il, et ce
» défaut tenoit à son physique. Le président
» étoit presque aveugle, et il étoit si vif, que
» la plupart du temps il oublioit ce qu'il vou-
» loit dicter ; en sorte qu'il étoit obligé de se
» resserrer dans le moindre espace possible ».
Pour ne parler que de ses lettres, la moitié
de celles qu'on a imprimées de lui ne sont que
de courts billets ; et, quand elles excèdent cette
dimension, il semble s'étonner et presque

s'excuser de les avoir faites si longues. Dans plusieurs, au surplus, parmi beaucoup de phrases communes ou négligées, le génie de l'écrivain laisse échapper, soit une pensée profonde, soit un trait brillant d'imagination.

Quelles que fussent habituellement la douceur et l'égalité de son humeur dans la société, la vivacité méridionale de son tempérament l'en faisoit quelquefois sortir ; mais c'étoit pour peu d'instants ; et il mettoit toujours beaucoup d'empressement et de bonne grâce à revenir. Ayant un jour disputé avec Mairan sur la Chine et les Chinois, dont il n'avoit pas toute la bonne idée qu'en avoient voulu donner les Jésuites, auteurs des *Lettres édifiantes*, il craignit d'avoir mis trop d'emportement dans la discussion et d'avoir fâché son ami : il écrivit dès le lendemain à l'abbé de Guasco, qui devoit dîner avec Mairan. « Je vous prie » de sonder un peu s'il a mal pris ce que je » lui ai dit ; et sur ce que vous me rendrez, » j'agirai avec lui de façon à le convaincre » du cas que je fais de son estime et de son » amitié ». Un autre jour, entrant chez madame d'Aiguillon, il lui dit : « Je viens d'avoir » une querelle très-vive avec le président » Hénault. Il vous la contera ; mais comme

» nous nous sommes dit des injures, ne nous
» croyez ni l'un ni l'autre ».

Il se partageoit entre Paris et la Brède. Grâce
à cette heureuse humeur à laquelle il dut de
ne connoître presque pas le chagrin, et encore
moins l'ennui, *quand il étoit dans le monde,
il l'aimoit comme s'il ne pouvoit souffrir la
retraite; et quand il étoit dans ses terres, il ne
songeoit plus au monde.* La Brède étoit toutefois son séjour de prédilection; c'est là qu'il
trouvoit tous les véritables biens, la liberté,
le repos, la santé; c'est de là que, savourant
sa douce existence, il jetoit de temps en temps
un regard de pitié et de dégoût sur ce Paris *qui
prétend donner des plaisirs parce qu'il fait ou-
blier la vie.* Quoique son château, qui jadis
avoit servi de forteresse, n'offrît, dans sa con-
struction gothique, ni commodité, ni agrément, il n'avoit voulu y faire aucun change-
ment; mais il en avoit fort embelli les dehors,
en donnant à ses vastes plantations cet air de
liberté sauvage et pittoresque dont les parcs
d'Angleterre lui avoient offert le modèle. Peut-
être l'amour de la propriété fascinoit-il un peu
ses yeux; mais il appeloit sans façon la Brède
*un lieu aussi agréable qu'il y en eût en France;
tant,* ajoutoit-il avec un peu de recherche, *la
nature s'y montre dans sa robe de chambre et*

au lever de son lit. La solitude avoit d'autant plus de charmes pour lui qu'il aimoit passionnément la lecture. *Il n'avoit jamais eu de chagrin qu'une heure de cette douce occupation n'eût dissipé.* « Aimer à lire, selon lui, c'étoit » échanger des heures d'ennui contre des » heures délicieuses ». *Quand il étoit triste, il lisoit des romans, et quand il étoit plus heureux, de vieilles chroniques, afin de tempérer les maux et les biens.* Il se plaisoit aussi beaucoup à converser avec les paysans, *parce qu'ils ne sont pas assez savants pour raisonner de travers;* et l'auteur de *l'Esprit des Lois* étoit charmé quand il avoit terminé entre eux à l'amiable quelque grand procès pour un pied de vigne ou une poignée de foin. Il prétendoit que *les gens d'esprit étoient gouvernés par leurs valets.* On ignore s'il fondoit cette observation sur son propre exemple; mais on sait qu'il étoit un excellent maître. Un jour il se mit à gronder fort vivement ses domestiques; puis se retournant tout-à-coup vers un témoin de cette scène : *Ce sont,* lui dit-il en riant, *des horloges qu'on a quelquefois besoin de remonter.*

Je viens d'achever la tâche que je m'étois imposée. Si je ne m'abuse, on pourra se former, d'après le récit qu'on vient de lire, une idée assez complète et assez juste du caractère de Montesquieu, de ses goûts, de ses habitudes, de ses qualités, et même des légers défauts qui s'y trouvoient mêlés. On demeurera persuadé que cet homme d'un génie si actif et si profond étoit encore un homme de mœurs douces et faciles, d'un commerce agréable et sûr, un homme naturel surtout, qu'une certaine singularité de manières distinguoit de la foule des êtres répandus dans la société, de même que l'originalité de son talent lui marque une place séparée parmi les grands écrivains dont notre pays s'honore. Je n'ai point cru devoir m'occuper de l'examen de ses ouvrages. Analysés, jugés, appréciés depuis long-temps, ils ont subi toutes les épreuves, et l'immortalité leur est acquise. Sortis, pour ainsi dire, du domaine de la critique, ils appartiennent désormais à l'éloquence, chargée de célébrer les chefs-d'œuvre que l'admiration publique a consacrés. Il étoit réservé à une autre plume que la mienne de remplir ce noble soin envers l'auteur de *l'Esprit des Lois*. Un jeune orateur vient de cueillir une nouvelle palme en louant le génie de Montesquieu, et, ce qui est pour lui-même la plus belle des louanges, son talent a été jugé digne de son sujet.

L. S. AUGER.

www.ingramcontent.com/pod-product-compliance
Lightning Source LLC
Chambersburg PA
CBHW070937280326
41934CB00009B/1906